EXPOSITION HOLLANDAISE

TABLEAUX, AQUARELLES ET DESSINS ANCIENS ET MODERNES

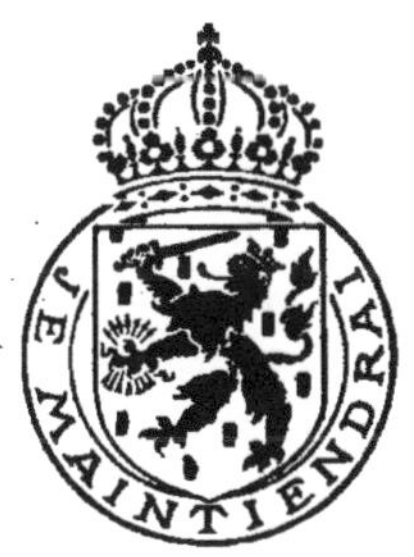

AVRIL—MAI 1921

EXPOSITION HOLLANDAISE

TABLEAUX, AQUARELLES ET DESSINS
ANCIENS ET MODERNES

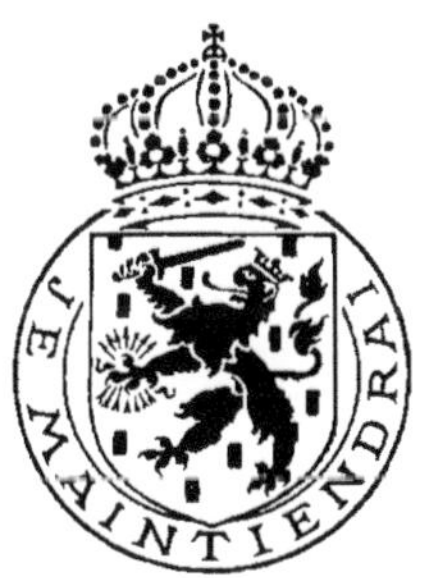

AVRIL—MAI 1921

EXPOSITION HOLLANDAISE DE TABLEAUX, AQUARELLES ET DESSINS ANCIENS ET MODERNES

SOUS LE HAUT PATRONAGE DE:

MM. ARISTIDE BRIAND, Président du Conseil, Ministre des Affaires Etrangères.
LÉON BERARD, Ministre de l'Instruction Publique et des Beaux-Arts.
LOUIS LOUCHEUR, Ministre des Régions Libérées.

COMITÉ d'HONNEUR:

PRÉSIDENT:

M. LÉON BONNAT, de l'Académie des Beaux-Arts.

MEMBRES:

MM. PAUL LÉON, Directeur des Beaux-Arts.
ARSÈNE ALEXANDRE, Inspecteur général des Musées.
HENRY ASSELIN.
AUGUSTE AUTRAND, Préfet de la Seine.
LAURENT BARRAULT.
A. BARTHOLOMÉ, Président de la Société Nationale des Beaux-Arts.
LÉONCE BÉNÉDITE, Conservateur du Musée National du Luxembourg et du Musée Rodin.
CHARLES BENOIST, Ministre de France à La Haye.
PHILIPPE BERTHELOT, Ambassadeur, Secrétaire général du Ministère des Affaires Etrangères.

LÉON BOURGEOIS, Président du Sénat.
FRANÇOIS CARNOT, Président de l'Union Centrale des Arts Décoratifs.
GEORGES CLÉMENCEAU, Ancien Président du Conseil.
GUSTAVE COHEN, Professeur à l'Université de Strassbourg.
ARMAND DAYOT, Inspecteur Général des Beaux-Arts.
PAUL DESCHANEL, Ancien Président de la République.
ALPH. DEVILLE, Président de la Commission des Beaux-Arts de la Ville de Paris.
J. D'ESTOURNELLES DE CONSTANT, Directeur des Musées Nationaux.
R. FALCOU, Directeur des Beaux-Arts de la Ville de Paris.
WALTER GAY.
G. HANOTAUX, de l'Académie Française.
HENRI HAVARD, Inspecteur général honoraire des Beaux-Arts.
ÉDUARD HERRIOT, Député Maire de Lyon.
HEUGEL.
FRANTZ JOURDAIN, Président du Salon d'Automne.
RAIMOND KOECHLIN, Président de la Société des Amis du Louvre.
VICTOR LALOUX, Président de la Société des Artistes Français.
MARIUS ARY LEBLOND.
MAURICE LE CORBEILLER, Président du Conseil Municipal.
ALB. LEHMANN.
LOUIS METMAN, Conservateur du Musée des Arts décoratifs.
ANDRÉ MICHEL, de l'Académie des Beaux-Arts.
E. MOREAU NELATON.
ANDRÉ PAISANT, Sous-Secrétaire d'Etat du Ravitaillement.
RAOUL PERRET, Président de la Chambre des Députés.
RAIMOND POINCARÉ, Ancien Président de la République.
F. RAUX, Préfect de Police.
SALOMON REINACH, Conservateur du Musée de St. Germain.
SAMUEL ROCHEBLAVE, Professeur à l'Université de Strassbourg.
Baron ÉDUARD DE ROTHSCHILD.
Baron ROBERT DE ROTHSCHILD.
EUGÈNE SCHNEIDER.
EM. THÉODORE, Conservateur Général des Musées de Lille.
CH. M. WIDOR, Secrétaire Perpétuel de l'Académie des Beaux-Arts.

LE COMITÉ D'ORGANISATION.

JONKHEER J. LOUDON

Envoyé Extraordinaire et Ministre Plénipotentiaire de Sa Majesté la Reine des Pays-Bas.

Président.

M. I. DUPARC

Directeur des Sciences et des Beaux-Arts au Ministère de l'Instruction Publique et des Beaux-Arts à la Haye.

Vice-Président.

WILLY SLUITER

Artiste peintre à la Haye.

Secrétaire.

WILLY MARTENS

Artiste peintre.

Directeur du Musée-H. W. Mesdag à la Haye.

Commissaire du Gouvernement.

F. SCHMIDT DEGENER

Directeur du Musée Boymans à Rotterdam.

J. H. TOOROP

Artiste peintre à la Haye.

JAN VETH

Artiste peintre à Bussum.

Professeur Extraordinaire à l'Académie Nationale des Beaux-Arts à Amsterdam.

COMMISSAIRE DÉLÉGUÉ À PARIS.

B. J. VAN GELDER.

AVANT-PROPOS.

Le monde, saignant encore de mille blessures cruelles, cherche à se redresser. Les nations serrent leurs rangs dans un but de commune civilisation.

De partout on cherche à rétablir ou à raffermir les liens durables et éprouvés.

Et les peuples, pourraient-ils mieux s'appliquer à cette tâche, qu'en se vouant en commun aux plus beaux fruits de la paix: aux oeuvres d'art?

C'est inspirée de ce désir, que la Hollande, qui n'a jamais renié sa vieille sympathie pour la France, s'approche de ce pays, en lui offrant une simple gerbe de ce qu'elle possède de plus précieux: une collection modeste d'œuvres d'art, démontrant ce qui émane de l'âme même de sa race: sa peinture.

La France connaît les anciens peintres hollandais. Nulle part ils ne furent mieux appréciés, même avant Thoré et Fromentin. La superbe collection du Louvre présente une image classique de la peinture des Pays-Bas.

Ainsi la Hollande peut avoir confiance dans l'entière sympathie de la France artistique; sous l'ombre du Louvre vit l'amour de l'art des „Maîtres d'autrefois" dans toutes ses manifestations, même les plus modestes.

Le Comité de l'Exposition s'est efforcé de représenter le mieux possible les quelques maîtres du 17ième siècle, dont les œuvres n'occupent pas une place proéminente parmi les richesses incomparables du Louvre.

A ce bouquet d'art ancien on a ajouté quelques autres groupes. Une salle est réservée à l'école de la Haye, — moins connue en France, — qui florissait de 1870-1900. Le groupe de ces „harmonistes", dérivant, comme l'école de Barbizon, indirectement des anciens maîtres hollandais, s'est encore renforcé au contact des Français. Deux artistes, hollandais de naissance, qui ont pris une part assez importante à l'évolution de la peinture française moderne, Jongkind et van Gogh, sont représentés séparément.

Enfin dans un dernier groupe on a réuni les œuvres d'une douzaine de peintres d'aujourd' hui.

Le Comité tient essentiellement à exprimer sa vive reconnaissance, non seulement aux collectionneurs hollandais, mais encore à ceux de la France, de l'Angleterre, de l'Espagne, de l'Amérique, de la Belgique et de la Suisse, qui d'un geste généreux et empressé, ont mis leurs trésors à sa disposition.

PRÉFACE.

Tous ceux des Français qui ont voyagé en Hollande savent quelles sympathies on y garde pour notre pays, l'attachement qu'on y porte à notre langue, le goût qu'on y montre pour nos arts, si souvent inspirés et dirigés par les grandes clartés des maîtres incomparables des Pays-Bas. On peut dire que la Hollande, seconde patrie de Descartes, refuge des penseurs et des grands proscrits, est un des foyers les plus ardents de culture française.

Les Hollandais savent aussi, d'autre part, l'admiration que nous professons pour leurs savants et leurs philosophes, et surtout le culte que nous avons voué de longue date à leurs artistes, à ces magiciens qui, eux, vraiment, ont pu faire dire que toute la lumière venait du Nord.

Les amis de Hollande, après-bien d'autres preuves d'amitié, nous offrent aujourd'hui un témoignage qui a son prix exceptionnel et en nous apportant ce nouvel et touchant hommage, ils nous offrent l'occasion souhaitée d'une grande et utile leçon. Ils nous présentent un magnifique résumé de l'histoire éclatante de leur École de peinture. C'est un complément inespéré aux richesses de nos musées.

Rembrandt, Frans Hals, Vermeer de Delft, Pieter de Hoogh, Jan Steen, Ruysdael, Hobbema, voilà aujourd'hui les augustes ambassadeurs, les glorieux messagers qui viennent nous apporter le salut de la Hollande. De quel cœur reconnaissant ne devons-nous pas les accueillir, ces grands inspirateurs, honneur de nos musées, qui ont fécondé et renouvelé notre École? Ne nous ont-ils pas, en effet, les premiers, donné le sens profond de la vie contemporaine, ouvert les yeux sur les intimités du foyer, dévoilé soit les splendeurs de la nature, soit la beauté cachée des choses les plus humbles? N'est-ce pas devant ces „petits flamands", comme on les appelait jadis, dans notre premier Luxembourg, que se sont formés tous nos peintres de mœurs et tous nos paysagistes? Ne leur devons-nous pas nos Drolling et nos Granet, voire notre Meissonier, nos Georges Michel et nos Paul Huet, tous les initiateurs qui ont déblayé la voie. Quant à Rembrandt, ce visionnaire miraculeux, sa grande âme généreuse, rayonnante et compatissante n'a jamais été mieux comprise que chez nous et de notre temps. La grandiose épopée rustique de notre Millet en est tout illuminée.

Et Rembrandt nous arrive avec quel chef-d'œuvre! Cette extraordinaire *Leçon d'Anatomie du Dr. Deyman*, du Musée d'Amsterdam, avec son raccourci de cadavre qui fait penser à Mantegna, le portrait de son frère, du Mauritshuis, les *Deux paons*, de la collection de M. Chabot, *l'Homme à l'Armure*, de Glasgow, les deux tableaux de la collection Schneider, le beau *Paysage*, du duc d'Albe, en tout sept peintures, accompagnées d'une magnifique série de dessins, parmi lesquels une dizaine de pièces de premier ordre provenant de l'incomparable collection de Léon Bonnat.

Frans Hals n'est pas moins brillamment représenté avec la *Femme à la Rose* et la *Famille*, de la collection Otto Kahn, le *Bouffon* et le *Joyeux Buveur*, d'une si audacieuse maîtrise, du Musée d'Amsterdam.

Quant à Vermeer, on nous apporte, avec la charmante *Tête de jeune fille*, au turban bleu et blanc, l'adorable paysage si lumineux de la *Vue de Delft*, découpant sa silhouette accidentée entre le grand ciel clair et les eaux.

On voit, par ces quelques exemples, l'effort réalisé par nos amis de Hollande pour que cette fête pacifique de l'art soit parfaite et significative. Elle prend tout son caractère et un nouvel intérêt par l'adjonction de tous les chefs du mouvement contemporain, les fondateurs de cette École de La Haye qui ouvre pour la Hollande la période des temps nouveaux.

Cette fois, en retour, c'est de notre Millet, avant de revenir directement à son grand aïeul Rembrandt, que Josef Israëls apprit à exprimer, dans cette écriture brouillée et spontanée, cette sensibilité communicative, la grandeur de la vie des humbles. Il est suivi, de cette imposante trinité des frères Maris : Jacob, robuste, puissant et fougueux comme notre Jules Dupré, véritable héritier des plus grands Hollandais ; Willem, lumineux et frissonnant sous ses cieux mouillés et ses larges plaines humides, animées de belles vaches rousses ; Matthijs, comme pénétré de l'esprit britannique, si étrange et si séduisant, mystique et quelque peu mystérieux... Et c'est encore Mauve, le Corot de la Hollande, et Bosboom et Jongkind et Van Gogh, ces deux derniers qui sont aussi bien des nôtres.

Et maintenant, c'est tout le développement de l'École actuelle, marqué par ses représentants les plus autorisés, nous sommes conduits jusqu'à ces derniers jours. C'est bien toute l'histoire de l'art hollandais en un raccourci singulièrement expressif et vivant.

Voilà donc un acte amical, ajouté à tant d'autres, qui vient à propos, en ces heures encore troubles, où les peuples amis aiment à se sentir, loyalement, un peu plus près. Et c'est pour nous, pour ceux de nous qui veulent chercher de nobles diversions aux soucis du jour, l'occasion unique de rares délectations spirituelles en même temps que d'une incomparable leçon. Pour ce double motif, nul Français ne marchandera à nos fidèles amis de Hollande la gratitude qui leur est due.

LÉONCE BÉNÉDITE.

ART ANCIEN.

BEYEREN, ABRAHAM HENDRIKSZ. VAN

né en 1620 ou 1621 à la Haye, mort peu après 1674 à Alkmaar.

1. NATURE-MORTE, tableau.
Appartient à Monsieur A. Bredius à la Haye.

BORCH, GERARD TER

né en 1617 à Zwolle, mort le 8 décembre 1681 à Deventer.

2. LE TROMPETTE, tableau.
Appartient au Musée du „Mauritshuis" à la Haye.

3. LA TOILETTE, tableau.
Appartient à Monsieur Albert Lehmann à Paris.

CAPPELLE, JOHANNES VAN DE

né en 1624 ou 1625 à Amsterdam, où il mourut le 2 décembre 1679.

4. MARINE, tableau.
Appartient à Monsieur A. F. Philips à Eindhoven.

CUYP, ALBERT

né en octobre 1620 à Dordrecht, où il mourut en novembre 1691.

5. LA MEUSE À DORDRECHT, tableau.
Appartient à Sir George L. Holford à Londres.

FABRITIUS, CAREL

né vers 1620 à Beemster (Province de la Hollande Septentrionale), mort le 12 octobre 1654 à Delft.

6. PORTRAIT DE L'ARTISTE PAR LUI-MÊME, tableau.
Appartient au Musée Boymans à Rotterdam.

7. TÊTE DE GUERRIER, tableau.
Appartient à Monsieur C. Hofstede de Groot à la Haye.

8. TÊTE DE VIEILLARD, tableau.
Appartient à Monsieur C. Hofstede de Groot à la Haye.

9. LE CHARDONNERET, tableau.
Appartient au Musée du „Mauritshuis" à la Haye.

GELDER, AERT DE

né en 1645 à Dordrecht, où il mourut en 1727.

10. L'ÉTERNEL ET LES DEUX ANGES CHEZ ABRAHAM, tableau.
Appartient au Musée Boymans à Rotterdam.

11. PORTRAIT DU BOURGMESTRE VAN BEVEREN, tableau.
Appartient à Monsieur J. J. M. Chabot à Wassenaar près la Haye.

12. DEVANT LE TEMPLE, tableau.
Appartient au Musée du „Mauritshuis" à la Haye.

13. DAVID SUR SON LIT DE MORT, tableau.
Appartient à Monsieur W. C. Escher à Zurich.

GOYEN, JAN VAN

né le 13 janvier 1596 à Leyde, mort en avril 1656 à la Haye.

14. TEMPS ORAGEUX, tableau.
Appartient à Monsieur C. Hofstede de Groot à la Haye.

15. AU BORD DE L'EAU, tableau.
Appartient à Monsieur A. J. M. Goudriaan à Rotterdam.

16. VILLE AU BORD D'UNE RIVIÈRE, tableau.
Appartient à Monsieur Jhr. H. Loudon à Wassenaar près la Haye.

HALS, FRANS

né en 1580 ou 1581 à Anvers, mort le 29 août 1666 à Harlem.

17. TABLEAU DE FAMILLE, tableau.
Appartient à Monsieur Otto Kahn à New-York.

18. PORTRAIT D'UNE DAME, tableau.
Appartient à Monsieur M. van Gelder à Uccle près Bruxelles.

19. LE BOUFFON, tableau.
Appartient à Monsieur le Baron Robert de Rothschild à Paris.

20. FEMME TENANT UNE ROSE, tableau.
Appartient à Monsieur le Baron Ed. de Rothschild à Paris.

21. LE JOYEUX BUVEUR, tableau.
Appartient au Musée de l'État à Amsterdam.

HOBBEMA, MEINDERT

né en 1638 à Amsterdam, où il mourut le 7 décembre 1709.

22. PAYSAGE AVEC UN MOULIN À EAU, tableau.
Appartient à l'Earl of Crawford and Balcarres à Londres.

HOOGH, PIETER DE

né en décembre 1629 à Rotterdam, mort peu après 1681 à Amsterdam.

23. LE CELLIER, tableau.

Appartient au Musée de l'État à Amsterdam.

24. LA MAISON DE CAMPAGNE, tableau.

Appartient à la Collection van der Hoop au Musée de l'État à Amsterdam.

25. COUR D'UNE MAISON À DELFT AVEC TROIS FIGURES, tableau.

Appartient à l'Earl of Crawford and Balcarres à Londres.

KALFF, WILLEM

né en 1621 ou 1622 à Amsterdam, où il mourut en 1693.

26. NATURE-MORTE, tableau.

Appartient à Monsieur Jhr. Ch. van de Poll à Heemstede près Harlem, à titre de prêt au Musée du „Mauritshuis" à la Haye.

MAES, NICOLAES

né en novembre 1632 à Dordrecht, mort en 1693 à Amsterdam.

27. LA RÊVEUSE, tableau.

Appartient au Musée de l'État à Amsterdam.

28. LA FILEUSE, tableau.

Appartient à la Collection van der Hoop au Musée de l'État à Amsterdam.

REMBRANDT HARMENSZ. VAN RIJN

né le 15 juillet 1606 à Leyde, mort le 4 octobre 1669 à Amsterdam.

29. PORTRAIT D'UNE DAME ÂGÉE, tableau.

Appartient à l'Earl of Crawford and Balcarres à Londres.

30. PORTRAIT DE JOHANNES ELISON, tableau.
Appartient à Monsieur Eugène Schneider à Paris.

31. PORTRAIT DE LA FEMME DE JOHANNES ELISON, tableau.
Appartient à Monsieur Eugène Schneider à Paris.

32. TÊTE DU CHRIST, tableau.
Appartient à Monsieur A. Bredius à la Haye.

33. CALVAIRE, tableau.
Appartient à Monsieur A. Bredius à la Haye.

34. LES DEUX PAONS, tableau.
Appartient à Monsieur J. J. M. Chabot à Wassenaar près la Haye.

35. FRAGMENT DE LA LEÇON D'ANATOMIE DU PROFESSEUR DEYMAN, tableau.
Appartient à la ville d'Amsterdam.

36. LA CONCORDE DU PAYS, tableau.
Appartient au Musée Boymans à Rotterdam.

37. PORTRAIT DE L'ARTISTE PAR LUI-MÊME, tableau.
Appartient à Lord Iveagh à Londres.

38. GUERRIER DANS SON ARMURE, tableau.
Appartient à la „Corporation Art Gallery" à Glasgow.

39. PORTRAIT DU FRÈRE DE L'ARTISTE, tableau.
Appartient au Musée du „Mauritshuis" à la Haye.

40. PAYSAGE, tableau.
Appartient à Monseigneur le Duc d'Albe à Madrid.

41. PORTRAIT DE VIEILLE FEMME, tableau.
Appartient à Sir George L. Holford à Londres.

42. TITUS, tableau.
Appartient à Sir George L. Holford à Londres.

43. L'HOMME AU SABRE, tableau.
Appartient à Sir George L. Holford à Londres.

44. JÉSUS MIS AU TOMBEAU, dessin.
Appartient à la Fondation Teyler à Harlem.

45. UNE PORTE DE VILLE, dessin.
Appartient à la Fondation Teyler à Harlem.

46. LA NOURRICE DU FILS DE REMBRANDT, dessin.
Appartient à la Fondation Teyler à Harlem.

47. VUE D'UN PARC SEIGNEURIAL, dessin.
Appartient à la Fondation Teyler à Harlem.

48. PAYSAGE AVEC PONT RUSTIQUE, dessin.
Appartient à la Fondation Teyler à Harlem.

49. LE SEIGNEUR APPARAÎT À ABRAHAM, dessin.
Appartient à Monsieur C. Hofstede de Groot à la Haye.

50. MOÏSE TROUVÉ PAR LA FILLE DE PHARAON, dessin.
Appartient à Monsieur C. Hofstede de Groot à la Haye.

51. BOOZ ET RUTH, dessin.
Appartient à Monsieur C. Hofstede de Groot à la Haye.

52. LA VISITE DE NATHAN À DAVID, dessin.
Appartient à Monsieur C. Hofstede de Groot à la Haye.

53. ELISA ET LES CORBEAUX, dessin.
Appartient à Monsieur C. Hofstede de Groot à la Haye.

54. DANIËL DANS LA FOSSE AUX LIONS, dessin.
Appartient à Monsieur C. Hofstede de Groot à la Haye.

55. L'ANGE ET LE JEUNE TOBIE, dessin.
Appartient à Monsieur C. Hofstede de Groot à la Haye.

56. ÉTUDE POUR UNE ADORATION DES MAGES, dessin.
Appartient à Monsieur C. Hofstede de Groot à la Haye.

57. LE CHRIST GUÉRISSANT UN MALADE, dessin.
Appartient à Monsieur C. Hofstede de Groot à la Haye.

58. FEMME ASSISE, dessin.
Appartient à Monsieur C. Hofstede de Groot à la Haye.

59. ÉTUDE POUR UN PORTRAIT DE JEUNE FEMME, dessin.
Appartient à Monsieur C. Hofstede de Groot à la Haye.

60. JEUNE HOMME, dessin.
Appartient à Monsieur C. Hofstede de Groot à la Haye.

61. LA CHAMBRE DE L'ACCOUCHÉE, dessin.
Appartient à Monsieur C. Hofstede de Groot à la Haye.

62. FEMME MALADE AU LIT, dessin.
Appartient à Monsieur C. Hofstede de Groot à la Haye.

63. LA PROMENADE, dessin.
Appartient à Monsieur C. Hofstede de Groot à la Haye.

64. L'ACTEUR, dessin.
Appartient à Monsieur C. Hofstede de Groot à la Haye.

65. UN ORIENTAL, dessin.
Appartient à Monsieur C. Hofstede de Groot à la Haye.

66. ÉTUDE D'HOMME NU, dessin.
Appartient à Monsieur C. Hofstede de Groot à la Haye.

67. L'ANCIENNE ÉGLISE DE STE. MARIE À UTRECHT, dessin.
Appartient à Monsieur C. Hofstede de Groot à la Haye.

68. LION COUCHÉ, dessin.
Appartient à Monsieur C. Hofstede de Groot à la Haye.

69. PAYSAGE AVEC DEUX CHAUMIÈRES, dessin.
Appartient à Monsieur C. Hofstede de Groot à la Haye.

70. PAYSAGE D'HIVER, dessin.
Appartient à Monsieur C. Hofstede de Groot à la Haye.

71. PORTRAIT DE L'ARTISTE PAR LUI-MÊME, dessin.
Appartient à la Fondation „Rembrandthuis" à Amsterdam.

72. ARTISTE DESSINANT PRÈS D'UNE FENÊTRE, dessin.
Appartient à Monsieur Etienne Moreau Nélaton à Paris.

73. PAYSAGE, dessin.
Appartient à Monsieur Léon Bonnat à Paris.

74. PORTE DE VILLE, dessin.
Appartient à Monsieur Léon Bonnat à Paris.

75. ÉTUDE DE NU, dessin.
Appartient à Monsieur Léon Bonnat à Paris.

76. CAVALIER DEMANDANT LA ROUTE À DEUX PAYSANS, dessin.
Appartient à Monsieur Léon Bonnat à Paris.

77. BOOZ ET RUTH, dessin.
Appartient à Monsieur Léon Bonnat à Paris.

78. JOSEPH EXPLIQUE LES SONGES DE PHARAON, dessin.
Appartient à Monsieur Léon Bonnat à Paris.

79. DALILA AVERTIT LES PHILISTINS, dessin.
Appartient à Monsieur Léon Bonnat à Paris.

80. ST. JEAN BAPTISTE, dessin.
Appartient à Monsieur Léon Bonnat à Paris.

81. PORTRAIT DE SASKIA, dessin.
Appartient à Monsieur Léon Bonnat à Paris.

82. ÉTUDE DE SAULE, dessin.
Appartient à Monsieur Léon Bonnat à Paris.

83. LA LECTURE, dessin.
Appartient à Monsieur Léon Bonnat à Paris.

84. ESQUISSE DE JEHOVA, dessin.
Appartient à Monsieur Walter Gay à Paris.

85. ÉTUDE POUR UN PERSONNAGE DE LA RONDE DE NUIT, dessin.
Appartient à Monsieur Walter Gay à Paris.

86. HAGAR PLEURANT, dessin.

Appartient à Monsieur Walter Gay à Paris.

87. PAYSAGE D'ENVIRON 1643, dessin.

Appartient à Monsieur Walter Gay à Paris.

RUISDAEL, JACOB ISAAKSZ. VAN

né en 1628 ou 1629 à Harlem, où il mourut le 14 mars 1682.

88. PAYSAGE, tableau.

Appartient au Musée de Lille.

89. VUE D'EGMOND, tableau.

Appartient à Monsieur A. F. Philips à Eindhoven.

90. CHAMP DE BLÉ, tableau.

Appartient à Monsieur Albert Lehmann à Paris.

91. MOULIN PRÈS WIJK BIJ DUURSTEDE, (PROVINCE D'UTRECHT), tableau.

Appartient à la Collection van der Hoop au Musée de l'État à Amsterdam.

SEGHERS, HERCULES

né en 1590 à Harlem, mort en 1640 à Amsterdam.

92. LA VALLÉE, eau-forte.

Appartient au Cabinet des Estampes du Musée de l'État à Amsterdam.

93. PAYSAGE ROCHEUX AVEC UNE FIGURE, eau-forte.

Appartient au Cabinet des Estampes du Musée de l'État à Amsterdam.

94. PAYSAGE AVEC RIVIÈRE, eau-forte.

Appartient au Cabinet des Estampes du Musée de l'État à Amsterdam.

95. GRAND PAYSAGE, eau-forte.

Appartient au Cabinet des Estampes du Musée de l'État à Amsterdam.

96. PAYSAGE AVEC DEUX MOULINS, eau-forte.

Appartient au Cabinet des Estampes du Musée de l'État à Amsterdam.

97. VILLE AVEC QUATRE TOURS, eau-forte.

Appartient au Cabinet des Estampes du Musée de l'État à Amsterdam.

98. PAYSAGE MONTAGNEUX, tableau.

Appartient à Monsieur C. Hofstede de Groot à la Haye.

STEEN, JAN

né vers 1626 à Leyde, où il mourut en février 1679.

99. LA BASSE-COUR, tableau.

Appartient au Musée du „Mauritshuis" à la Haye.

100. FÊTE DE FAMILLE, tableau.

Appartient au Musée du „Mauritshuis" à la Haye.

101. L'ANNIVERSAIRE DU PRINCE, tableau.

Appartient au Musée de l'État à Amsterdam.

102. LA FÊTE GALANTE, tableau.

Appartient à Monsieur D. G. van Beuningen à Rotterdam.

103. L'ÉPINETTE, tableau.

Appartient à Monsieur Heugel à Paris.

VERMEER, JOHANNES

baptisé le 31 octobre 1632 à Delft, où il mourut en décembre 1675.

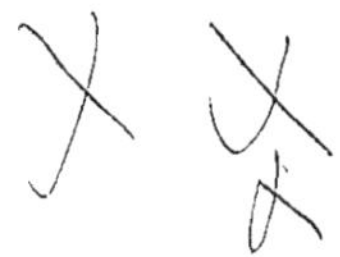

104. VUE DE DELFT, tableau.

Appartient au Musée du „Mauritshuis" à la Haye.

105. LA CUISINIÈRE, tableau.

Appartient au Musée de l'État à Amsterdam.

106. TÊTE DE JEUNE FILLE, tableau.

Appartient au Musée du „Mauritshuis" à la Haye.

VERSPRONCK, JOHANNES CORNELISZ

né en 1597 à Harlem, où il mourut le 30 juin 1662.

107. PORTRAIT DE JEUNE GARÇON.
Appartient au Musée de Lille.

WITTE, EMANUEL DE

né en 1617 à Alkmaar, mort en 1692 à Amsterdam.

108. LE MARCHÉ AUX POISSONS, tableau.
Appartient au Musée Boymans à Rotterdam.

ÉCOLE DE LA HAYE.

BOSBOOM, JOHANNES

né le 18 février 1817 à la Haye, où il mourut le 14 septembre 1891.

109. INTÉRIEUR D'ÉGLISE À DELFT, tableau.
Appartient à Monsieur J. A. M. Goudriaan à Rotterdam.

110. INTÉRIEUR D'UNE SYNAGOGUE, tableau.
Appartient au Musée de Dordrecht.

111. INTÉRIEUR D'ÉGLISE À HAREN, aquarelle.
Appartient à la Collection du Panorama Mesdag à la Haye.

112. INTÉRIEUR DU „PRINSENHOF" À DELFT, aquarelle.
Appartient à Monsieur et Madame J. C. J. Drucker, à titre de prêt au Musée de l'État à Amsterdam.

113. ESCALIER AU „PRINSENHOF" À DELFT, aquarelle.
Appartient à Monsieur et Madame J. C. J. Drucker, à titre de prêt au Musée de l'État à Amsterdam.

114. INTÉRIEUR D'ÉGLISE À ALKMAAR, aquarelle.
Appartient au Musée H. W. Mesdag à la Haye.

115. INTÉRIEUR D'ÉGLISE À MAASLAND, aquarelle.
Appartient à Monsieur et Madame J. C. J. Drucker, à titre de prêt au Musée de l'État à Amsterdam.

116. INTÉRIEUR D'ÉGLISE, aquarelle.
Appartient à la Société pour la formation d'une collection d'Art Moderne, à titre de prêt au Musée Communal à Amsterdam.

117. INTÉRIEUR DE FERME, aquarelle.
Appartient à la Fondation Teyler à Harlem.

118. INTÉRIEUR DE L'ATELIER DE L'ARTISTE, aquarelle.
Appartient à Sa Majesté la Reine des Pays-Bas.

ISRAËLS, JOSEF

né le 27 février 1824 à Groningue, mourut le 12 août 1911 à la Haye.

119. SEULE AU MONDE, tableau.
Au Musée de l'État d'Amsterdam, donation de Monsieur et Madame J. C. J. Drucker.

120. PORTRAIT DE L'ACTEUR VELTMAN, tableau.
Musée de l'État à Amsterdam à titre de prêt de la Ville d'Amsterdam.

121. VIEILLESSE.
Appartient à la succession Hijmans van Wadenoyen à titre de prêt au Musée de l'État à Amsterdam.

122. LE SCRIBE DE THORA, tableau.
Appartient à Monsieur H. van Schaardenburg à Scheveningue à titre de prêt au Musée Communal à la Haye.

123. PORTRAIT DE LA FILLE DE L'ARTISTE, aquarelle.
Appartient à Monsieur Is. Israëls à la Haye.

124. LA TASSE DE CAFÉ.
Appartient à la Fondation Teyler à Harlem.

125. ÉTUDE, tableau.
Appartient à Monsieur Is. Israëls à la Haye.

126. IDEM.
Appartient à Monsieur Is. Israëls à la Haye.

127. IDEM.
Appartient à Monsieur Is. Israëls à la Haye.

128. IDEM.
Appartient à Monsieur Is. Israëls à la Haye.

129. IDEM.
Appartient à Monsieur Is. Israëls à la Haye.

MARIS, JACOB H.

né le 25 août 1837 à la Haye, où il mourut le 7 août 1899.

130. VUE DE VILLE, tableau.
Appartient au Musée de l'État à Amsterdam, donation de Monsieur et Madame J. C. J. Drucker.

131. PAYSAGE AVEC MOULINS, tableau.
Appartient à Monsieur M. P. Voûte à Amsterdam.

132. PÊCHEUR DE COQUILLAGES, tableau.
Appartient au Musée de l'État à Amsterdam, donation de Monsieur et Madame J. C. J. Drucker.

133. VUE D'UN CANAL À AMSTERDAM, tableau.
Appartient à Monsieur A. R. Zimmerman à Rotterdam.

134. MER HOULEUSE, tableau.
Appartient à la Société pour la formation d'une collection d'Art Moderne, à titre de prêt au Musée Communal à Amsterdam.

135. MOULIN DANS LA NEIGE, aquarelle.

Appartient à Monsieur et Madame J. C. J. Drucker, à titre de prêt au Musée de l'État à Amsterdam.

136. PÊCHEUR DE COQUILLAGES, aquarelle.

Appartient à Monsieur et Madame J. C. J. Drucker, à titre de prêt au Musée de l'État à Amsterdam.

MARIS, MATTHIJS.

né le 17 août 1839 à la Haye, mort à Londres le 22 août 1917.

137. RUE DE VILLAGE, tableau.

Appartient à la Société pour la formation d'une collection d'Art Moderne, à titre de prêt au Musée Communal à Amsterdam.

138. LES QUATRE MOULINS, tableau.

Appartient à Sir Michael Sadler à Leeds.

139. LA FIANCÉE, tableau.

Appartient à la Société pour la formation d'une collection d'Art Moderne, à titre de prêt au Musée Communal à Amsterdam.

140. SOUVENIR D'AMSTERDAM, tableau.

Appartient au Musée de l'État à Amsterdam.

141. ENFANT AU BERCEAU, dessin.

Appartient à Monsieur H. S. J. Maas à Londres

142. HE IS COMING, tableau.

Appartient à Miss Galt Davies en South Wales.

143. LA CUISINIÈRE, tableau.

Appartient au Musée H. W. Mesdag à la Haye.

144. FEMME AVEC CHÊVRE, aquarelle.

Appartient à Monsieur Is. Israëls à la Haye.

MARIS, WILLEM.

né le 18 février 1844 à la Haye, où il mourut le 10 octobre 1910.

145. VACHES AU BORD D'UNE PRAIRIE, tableau.
Appartient à Monsieur G. C. Bolten à la Haye.

146. VACHE BLANCHE, tableau.
Appartient à Monsieur G. C. Bolten à la Haye.

147. CANARDS, tableau.
Appartient à la collection Monsieur et Madame J. C. J. Drucker au Musée de l'État à Amsterdam.

148. APRÈS LA TRAITE, tableau.
Appartient à Monsieur John Robertson J. P., F. S. A. à Dundee (Ecosse).

149. CANARDS AVEC CANETONS DANS L'HERBE, aquarelle.
Appartient à Monsieur G. C. Bolten à la Haye.

MAUVE, ANTON.

né le 18 septembre 1838 à Zaandam, mort le 5 février 1888 à Arnhem.

150. VACHES COUCHÉES À L'OMBRE, tableau.
Appartient au Musée Boymans à Rotterdam.

151. MOUTONS DANS LA NEIGE, tableau.
Appartient à la succession A. Mauve, à titre de prêt au Musée Communal à la Haye.

152. DANS LE POTAGER, tableau.
Appartient à Monsieur J. P. van der Schilden à Rotterdam.

153. LA GRANGE, tableau.
Appartient au Musée H. W. Mesdag, à la Haye.

154. LABOURAGE, aquarelle.
Appartient à la Fondation Teyler à Harlem.

155. BERGERIE, aquarelle.

Appartient au Musée. H. W. Mesdag à la Haye.

156. BORD DE FOSSÉ DANS UN BOIS, aquarelle.

Appartient à la collection Monsieur et Madame J. C. J. Drucker au Musée de l'État. à Amsterdam.

NEUHUYS, ALBERT

né le 10 juin 1844 à Utrecht, mort le 6 février 1914 à Zurich.

157. PORTRAIT DE DAME, tableau.

Appartient à Monsieur J. P. van der Schilden à Rotterdam.

158. L'ENFANT MALADE, tableau.

Appartient à Monsieur J. P. van der Schilden à Rotterdam.

WEISSENBRUCH, J. H.

né le 30 novembre 1824 à la Haye, où il mourut le 14 mars 1903.

159. VILLAGE AU BORD DE L'EAU, tableau.

Appartient au Musée Van Bilderbeek Lamaison à Dordrecht.

160. MARÉCAGE, aquarelle.

Appartient à la collection Monsieur et Madame J. C. J. Drucker au Musée de l'État à Amsterdam.

ÉCOLE MODERNE.

PÉRIODE DE TRANSITION.

GOGH, VINCENT VAN

né le 30 mars 1853 à Zundert (province de Brabant Septentrional), mort le 19 juillet 1890 à Auvers sur Oise.

161. LES OLIVIERS, tableau.
Appartient à Monsieur Is. Israëls à la Haye.

162. MOULIN À MONTMARTRE, tableau.
Appartient à Monsieur Is. Israëls à la Haye.

163. PORTRAIT DE L'ARTISTE PAR LUI-MÊME, tableau.
Appartient à Madame Vve. J. van Gogh Bonger à Amsterdam.

164. TOURNE-SOL, tableau.
Appartient à Madame Vve. J. van Gogh Bonger à Amsterdam.

165. PONT-LEVIS, tableau.
Appartient à Madame Vve. J. van Gogh Bonger à Amsterdam.

166. POMMIERS EN FLEURS, tableau.
Appartient à Madame Vve. J. van Gogh Bonger à Amsterdam.

167. MARINE, tableau.
Appartient à Monsieur V. W. van Gogh à Amsterdam.

168. PONT SUR UN CANAL, tableau.
Appartient à Monsieur E. Heldring à Amsterdam.

JONGKIND, J. B.

né le 3 juin 1819 à Latdorp (province d'Overijssel), mort le 15 septembre 1891 à Côte-Saint-André (Isère).

169. VUE DE L'ISÈRE, aquarelle.
Appartient à la collection du Musée du Luxembourg.

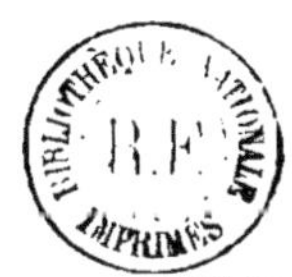

170. VUE DE MAASSLUIS, tableau.

Appartient à Monsieur Laurent Barrault à Paris.

171. LE CANAL DE L'OURCQ, aquarelle.

Appartient à Monsieur Laurent Barrault à Paris.

172. OVERSCHIE (PRÈS ROTTERDAM), tableau.

Appartient au Musée Boymans à Rotterdam.

174. RUELLE D'OVERSCHIE, aquarelle.

Appartient à Monsieur E. Moreau Nélaton à Paris.

175. CANAL DE L'OURCQ, aquarelle.

Appartient à Monsieur E. Moreau Nélaton à Paris.

176. LA LOIRE À NEVERS, aquarelle.

Appartient à Monsieur E. Moreau Nélaton à Paris.

177. HONFLEUR (*a*), aquarelle.

Appartient à Monsieur E. Moreau Nélaton à Paris.

178. HONFLEUR (*b*), aquarelle.

Appartient à Monsieur E. Moreau Nélaton à Paris.

179. NEVERS, aquarelle.

Appartient à Monsieur E. Moreau Nélaton à Paris.

180. VUE DE ROUEN, aquarelle.

Appartient à Monsieur E. Moreau Nélaton à Paris.

213. PAYSAGE, aquarelle.

Appartient à la collection du Musée du Luxembourg.

214. VUE DE PARIS, aquarelle.

Appartient à la collection du Musée du Luxembourg.

215. ANVERS, aquarelle.

Appartient à la collection du Musée du Luxembourg.

ÉCOLE MODERNE.

CONTEMPORAINE.

BAUER, M. A. J.

né le 25 janvier 1867 à la Haye.

181. BÉNARÈS, tableau.
Appartient à Monsieur M. R. Idema Greidanus à la Haye.

182. BAZAR *(a)*, aquarelle.
Appartient à Monsieur J. M. P. Glerum à Amsterdam.

183. BAZAR *(b)*, aquarelle.
Appartient à Monsieur J. M. P. Glerum à Amsterdam.

BREITNER, G. H.

né le 12 septembre 1857 à Rotterdam.

184. FEMME AU MANCHON, tableau.
Appartient au Musée de l'État à Amsterdam, donation de Monsieur et Madame J. C. J. Drucker.

185. PORTRAIT DE L'ARTISTE PAR LUI-MÊME, tableau.
Appartient à Monsieur J. Veth à Bussum.

186. ÉTUDE DE NU, tableau.
Appartient à la Société pour la formation d'une collection d'Art Moderne à titre de prêt au Musée Communal à Amsterdam.

187. AMSTERDAM EN HIVER, tableau.
Appartient au Musée Van Bilderbeek Lamaison à Dordrecht.

DERKINDEREN, A. J.

né le 20 décembre 1859 à Bois-le-Duc.

188. HERMES, tableau.

Appartient à Monsieur J. Veth à Bussum.

DIJSSELHOF, G. W.

né le 8 février 1862 à Zwollekerspel.

189. DORADES, tableau.

Appartient à Monsieur H. van Beek à Rotterdam.

190. AQUARELLE.

Appartient à Monsieur J. A. Carp à Helmond.

191. AQUARELLE.

Appartient à Monsieur J. A. Carp à Helmond.

GESTEL, L.

né le 22 novembre 1881 à Woerden.

192. LA FERME, dessin.

Appartient à Monsieur P. Boendermaker, à titre de prêt au Musée Communal à Amsterdam.

HAVERMAN, H. J.

né le 23 octobre 1858 à Amsterdam.

193. DAVIDA, tableau.

Appartient au Musée Boymans à Rotterdam.

194. PORTRAIT DE L'ÉPOUSE DE L'ARTISTE, aquarelle.

Appartient au Musée Communal à la Haye.

HEM, P. VAN DER

212. PÊCHEUR DE VOLENDAM, tableau

ISRAËLS, I.

né le 3 février 1865 à Amsterdam.

195. DAME SUR UNE TERRASSE, tableau.
Appartient à la Société pour la formation d'une collection d'Art Moderne à titre de prêt au Musée Communal à Amsterdam.

196. PORTRAIT DE MADELLE MAXA DU GRAND-GUIGNOL.
Appartient à l'auteur.

197. PORTRAIT DE MADAME E.
Appartient à Madame H. Enthoven-Hijmans à la Haye.

KONIJNENBURG, W. A. VAN

né le 11 février 1868 à la Haye.

198. PORTRAIT D'ENFANT, tableau.
Appartient à Monsieur Lichtenberg à la Haye.

SLUYTERS, J. C. B.

nè le 17 décembre 1881 à Bois-le-Duc.

199. PORTRAIT DE DAME, tableau.
Appartient à Monsieur Martin Kaufman, à titre de prêt au Musée de l'État à Amsterdam.

200. ÉTUDE DE NU, tableau.
Appartient à Monsieur P. A. Reynault, à titre de prêt au Musée Communal à Amsterdam.

TOOROP, J. H.

né le 20 décembre 1858 à Purworedjo (Indes Neerlandaises).

201. PORTRAIT DE MONSIEUR A. MIGNOT, dessin.
Appartient à Monsieur A. Mignot à Eindhoven.

202. PORTRAIT DU PROF. SCHRÖRS, tableau.

Appartient à Monsieur Ant. Nolet à Nimègue.

203. PORTRAIT DU VIOLONCELLISTE PABLO CASALS, tableau.

Appartient à Monsieur G. L. M. van Es à Rotterdam.

204. LES TROIS FIANCÉES, dessin.

Appartient à Monsieur et Madame A. G. Kröller à la Haye.

205. BRUGES, dessin.

Appartient à Monsieur W. A. Leembruggen à la Haye.

VERSTER, FL.

né le 9 juin 1861 à Leyde.

206. MAISON À BORGER, dessin.

Appartient à Monsieur G. Ribbius Pelletier à Utrecht.

207. SCABIOSAS, tableau.

Appartient à Monsieur W. Scherjon à Utrecht.

208. TULIPES, tableau.

Appartient à Monsieur G. J. Dekker à la Haye.

VOERMAN, J.

né le 25 janvier 1857 à Kampen

209. L'IJSSEL PRÈS HATTEM, tableau.

Appartient à la Société pour la formation d'une collection d'Art Moderne à titre de prêt au Musée Communal à Amsterdam.

210. TEMPS ORAGEUX, aquarelle.

Appartient à Monsieur M. P. Glerum à Amsterdam.

211. VACHES COUCHÉES, aquarelle.

Appartient à Monsieur M. P. Glerum à Amsterdam.

REPRODUCTIONS.

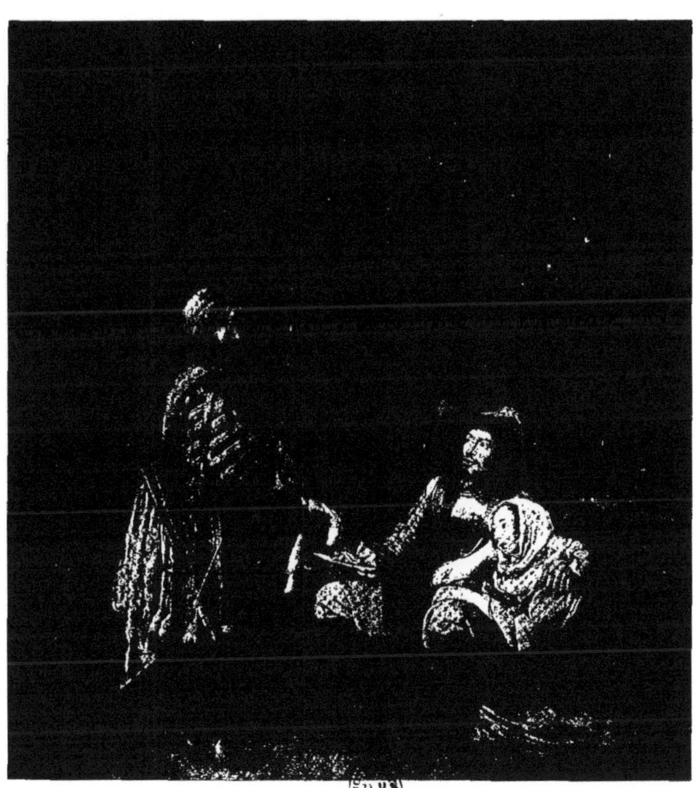

2. Gerard ter-Borch, le trompette.

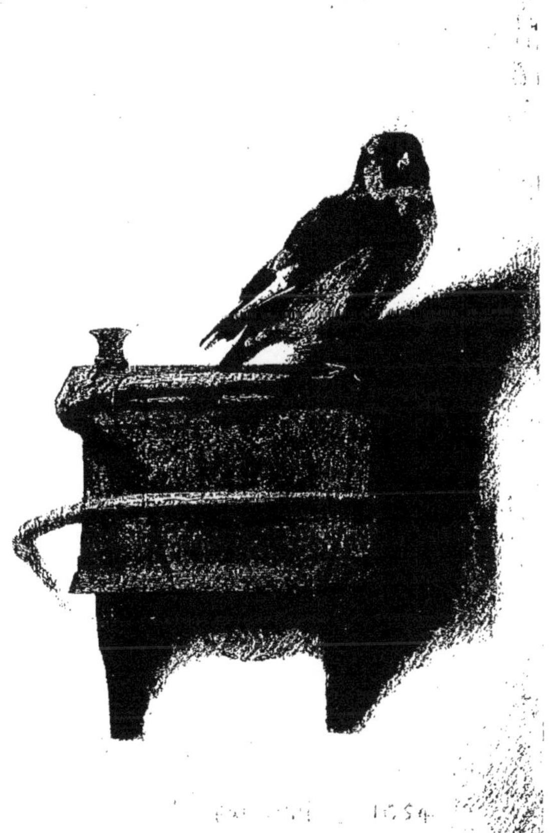

9. Carel Fabritius, le chardonneret.

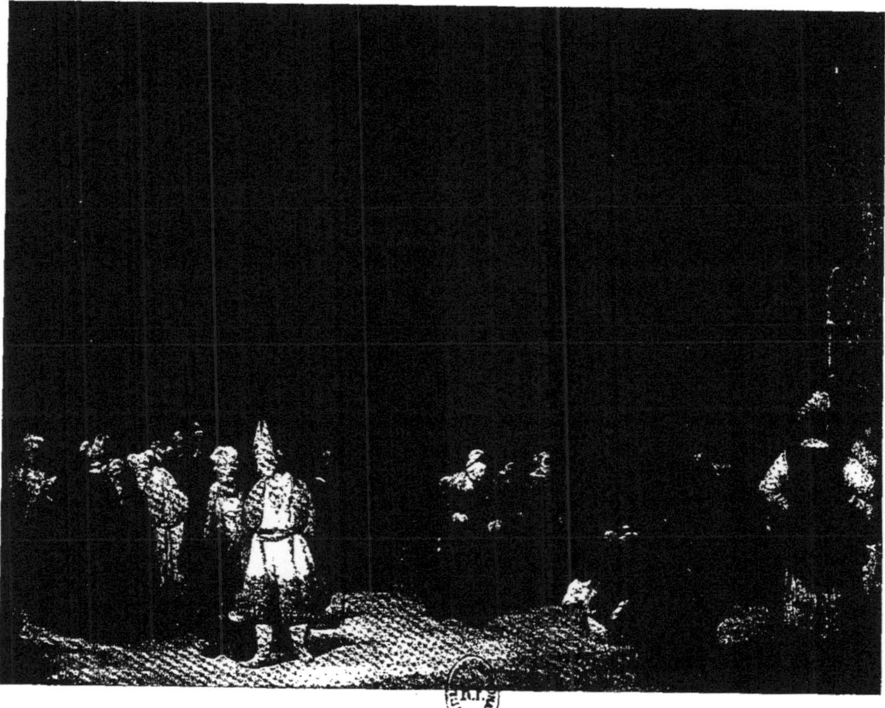

12. Aert de Gelder, devant le temple.

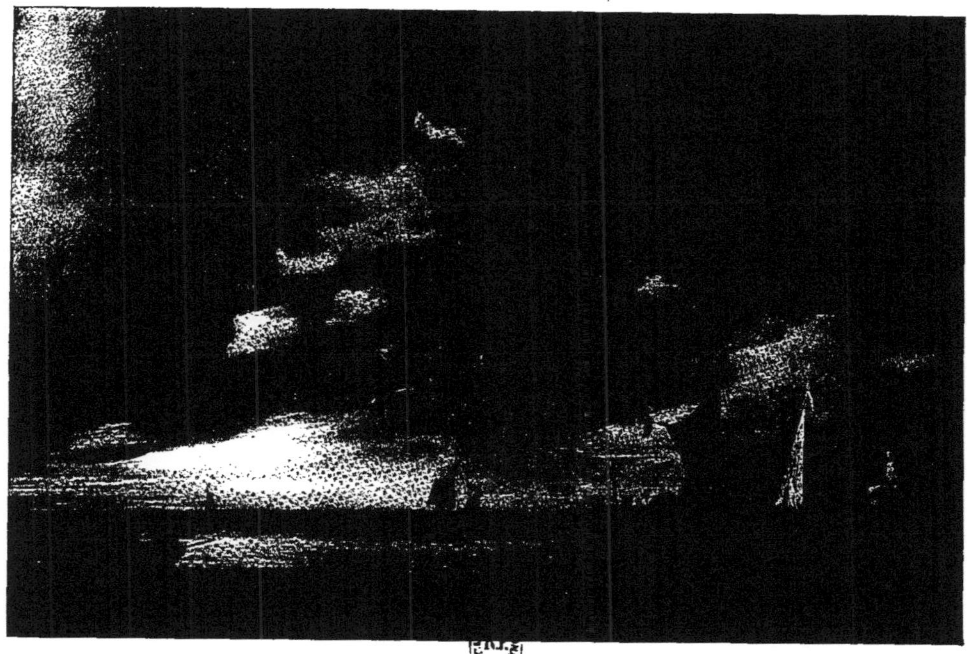

14. Jan van Goyen, temps orageux.

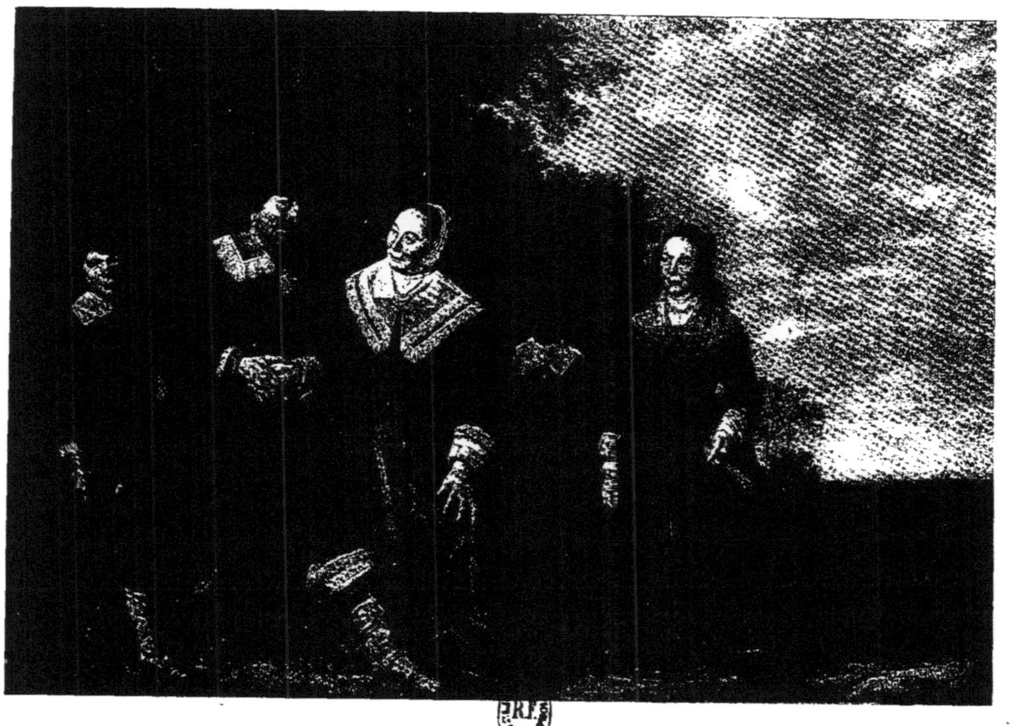

17. Frans Hals, tableau de famille.

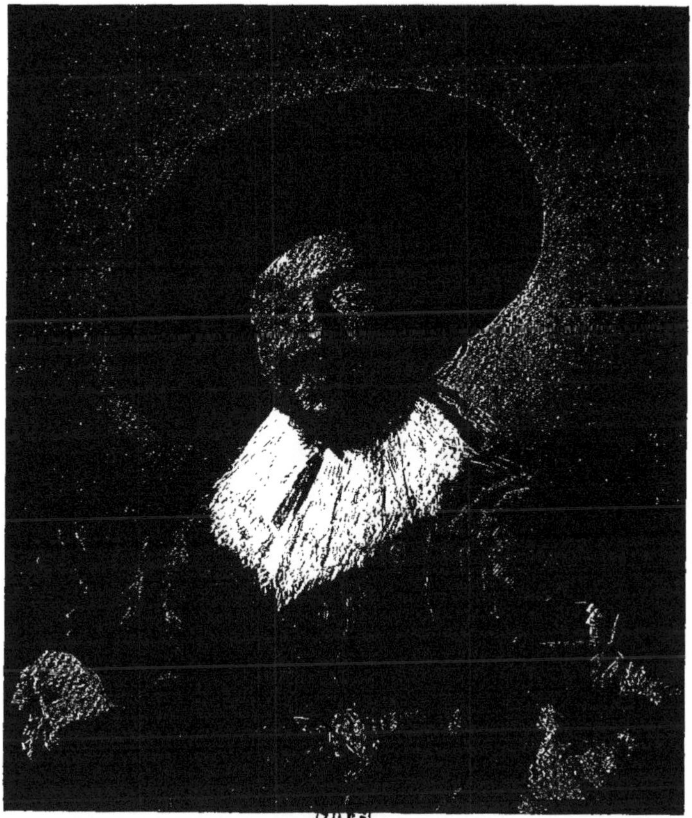

21. Frans Hals, le joyeux buveur.

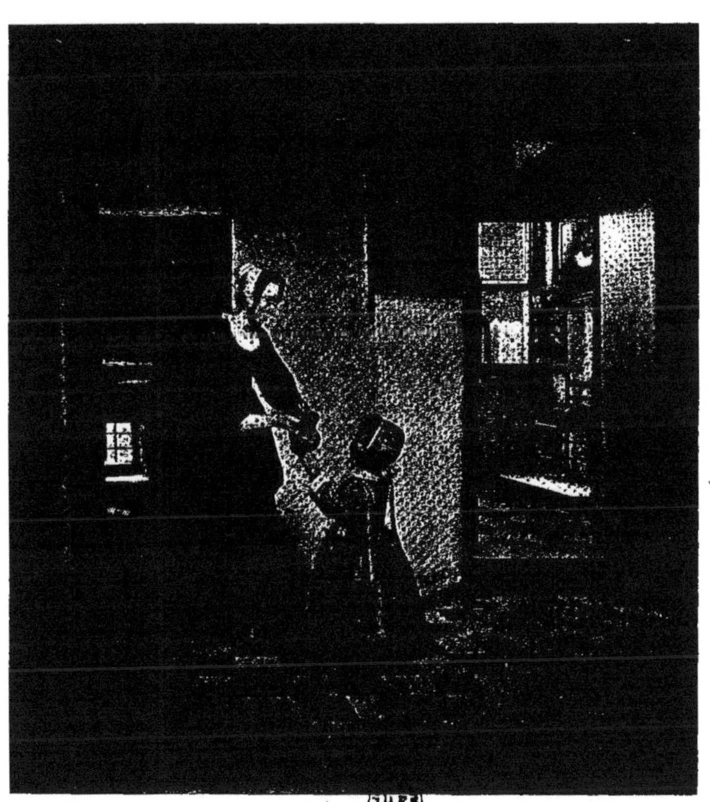

23. Pieter de Hoogh, le cellier.

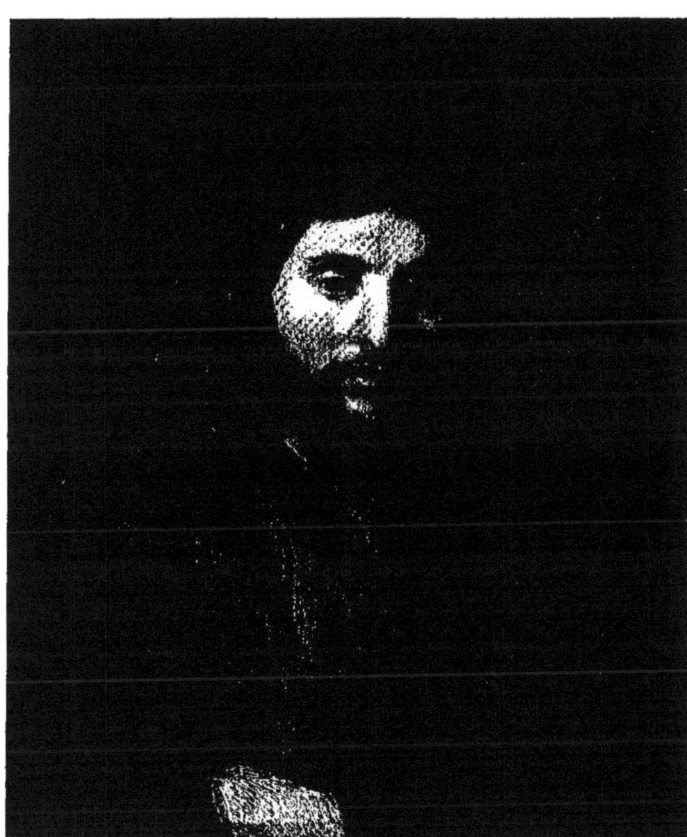

32. Rembrandt, tête du Christ.

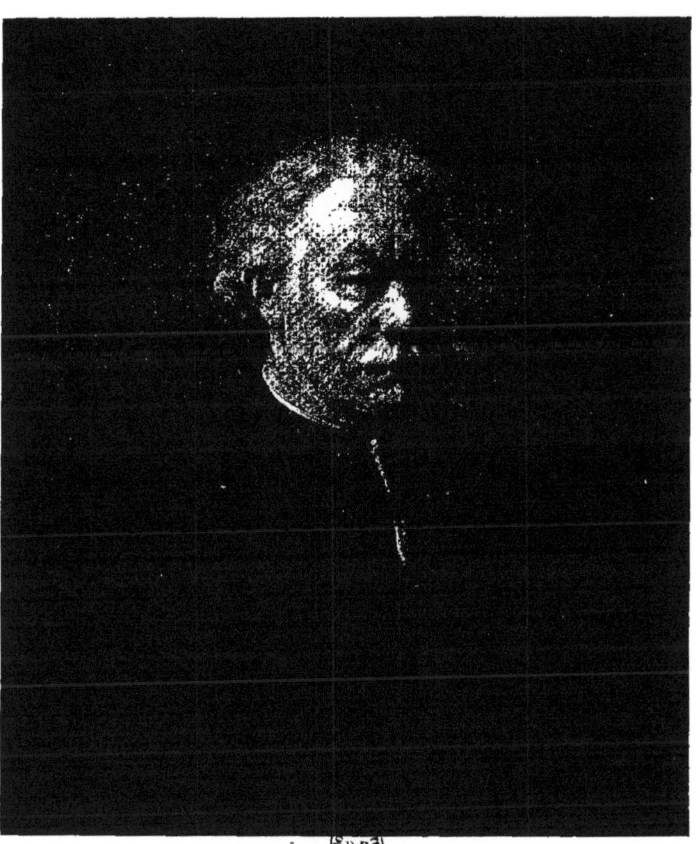

39. Rembrandt, portrait du frère de l'artiste.

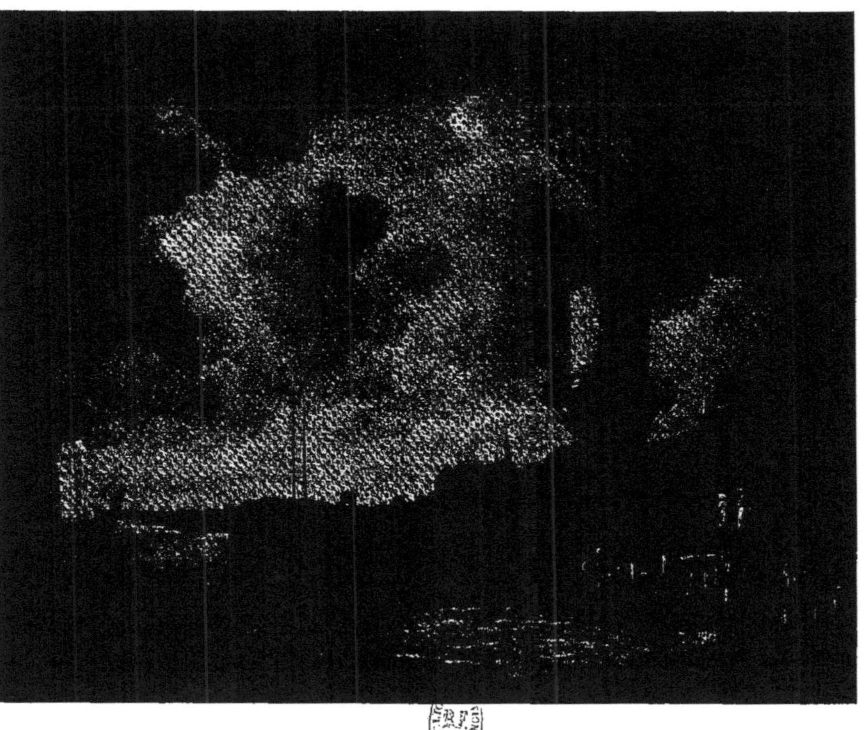

91. Jacob van Ruisdael, moulin près Wijk bij Duurstede.

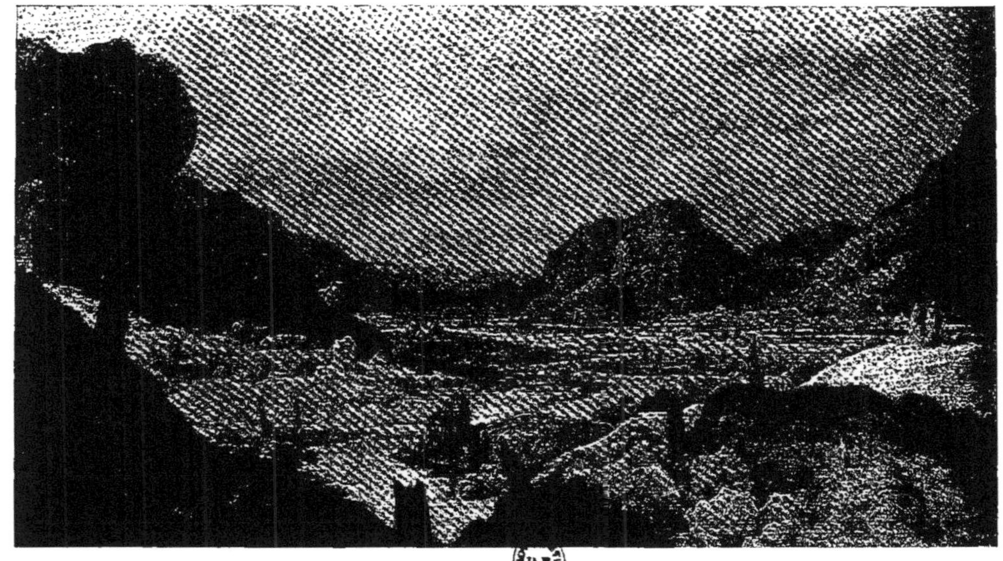

98. Hercules Seghers, paysage montagneux.

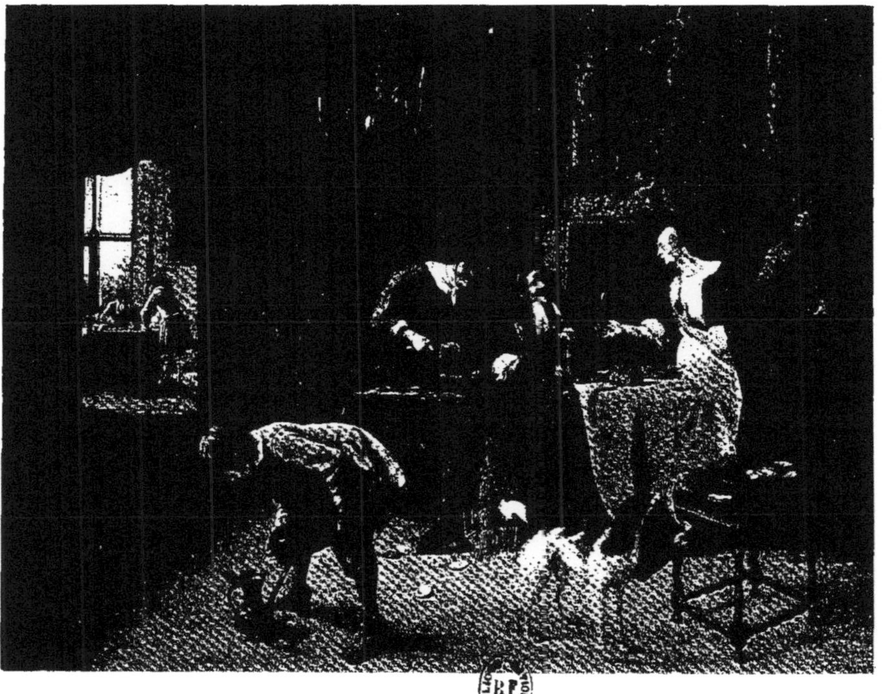

102. Jan Steen, la fête galante.

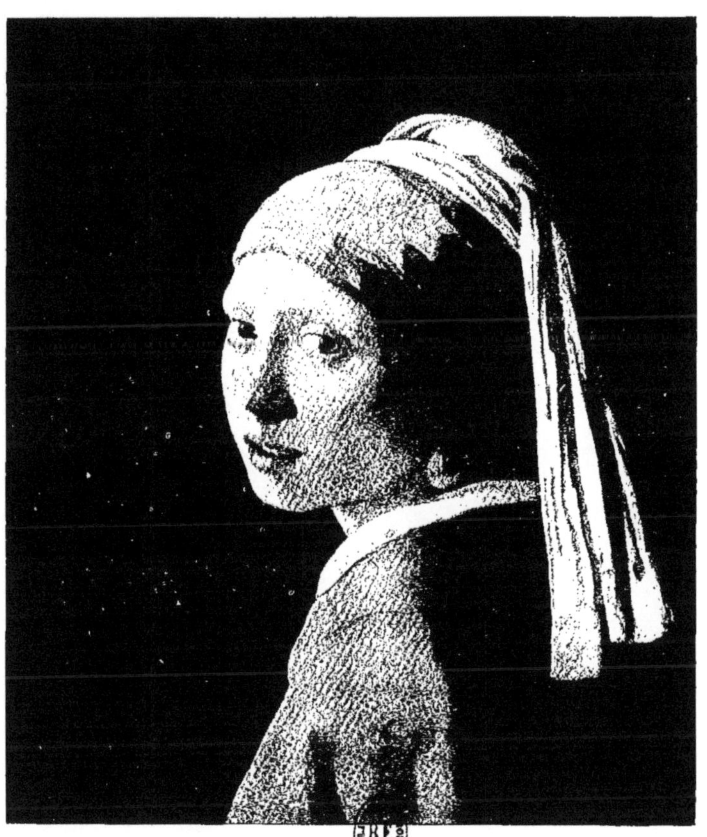

106. Johannes Vermeer, tête de jeune fille.

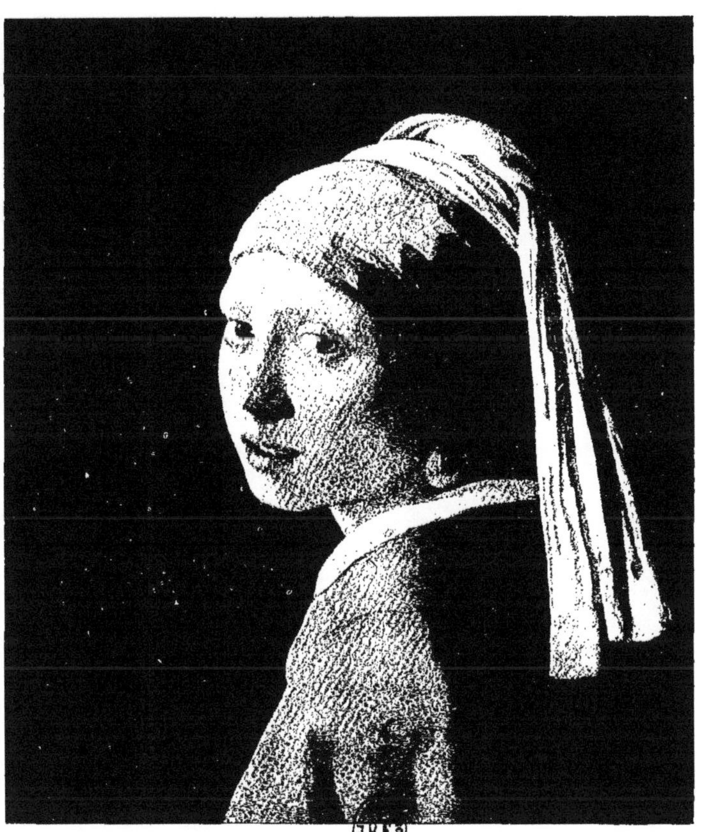

106. Johannes Vermeer, tête de jeune fille.

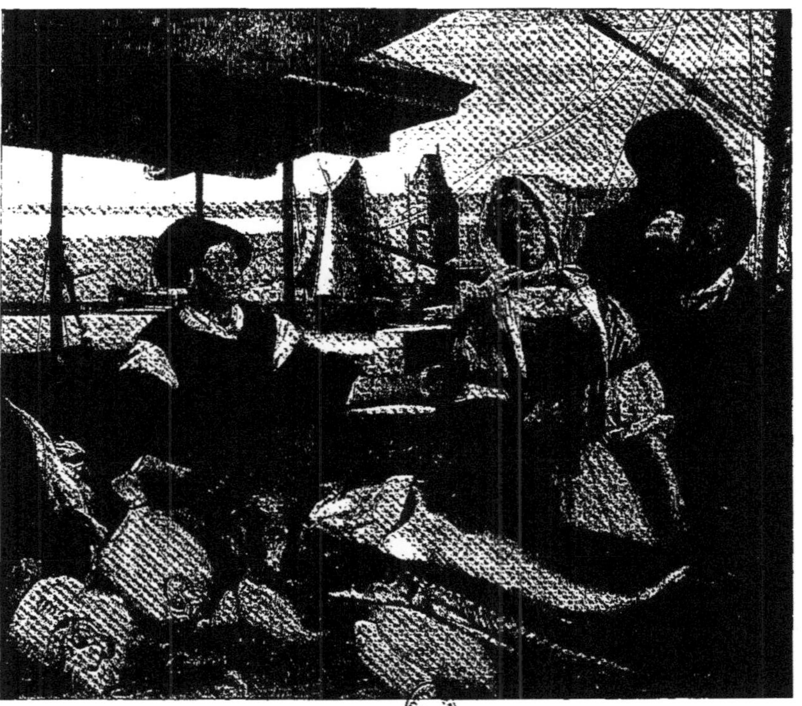

108. Emanuel de Witte, le marché aux poissons.

Imprimerie Mouton & Cie. La Haye.

www.ingramcontent.com/pod-product-compliance
Ingram Content Group UK Ltd.
Pitfield, Milton Keynes, MK11 3LW, UK
UKHW022128260726
13993UKWH00003B/1311

9 782329 210988